MEIN FREIBURG LIEGT IM BADNER LAND,
DORT IST DAS SCHWABENTOR BEKANNT.

DOCH KOMMT DER VFB ALS GASTVEREIN -
SCHWOLOW, HALT DEN KASTEN REIN!

WIR BADNER GÖNNEN AUS JEDER PORE,
DEM SCHWABEN NUR DIE EIGENTORE!

Yep, wir beginnen ganz vornehm mit einem Gedicht. Was wir damit sagen wollen: Auf Schwabentore im Stadion können wir gut verzichten. Und davon handelt jetzt der Krimi ...

IMPRESSUM

1. Auflage 2019

Layout:	Papa Schmid
Fotos:	Julius Schmid
Illustration:	Mama Schmid
Illustration der drei Hauptfiguren:	© Jemastock, Boy anime male
Lektorat:	Alexandra Link
Anregungen:	Alexander Klein; Johannes Wernz
Druck:	Druckerei Schmid GmbH & Co. KG, Riedstraße 17, 89537 Giengen, www.druckerei-schmid.com
Verlag:	Schmidverlag, ein Geschäftsbereich der Druckerei Schmid GmbH & Co. KG, Riedstraße 17, 89537 Giengen

Bibliografische Informationen der Deutschen Nationalbibliothek: Die Deutsche Nationalbibliothek verzeichnet diese Publikation in der Deutschen Nationalbibliografie; detaillierte bibliografische Daten sind im Internet über http://dnb.d-nb.de abrufbar.

ISBN 978-3-00-062893-1

9 783000 628931

STECKBRIEF

Name: Max Markheymer
Alter: 13 Jahre
Adresse: Freiburg, Herdern
Was ich mag: Fußball, Freiburg, meinen SC, einen guten Burger
Kennzeichen: Brille
Marotten: hin und wieder hänge ich den Checker raus
Motto: Lass uns das Leben rocken!

Name: Mehmet Karakaya
Alter: 13 Jahre
Adresse: Freiburg, Weingarten
Was ich mag: Fußball, gepflegtes Grillen (Mathilda find ich auch nicht übel)
Kennzeichen: Sturmfrisur
Marotten: keine (-:
Motto: Döner macht das Leben schöner!

Name: Nico Förster

Alter: 13 Jahre

Adresse: Giengen bei Ulm

Was ich mag: Fußball, „FIFA“
bin Fan vom
1. FC Heidenheim
meinen Cousin in
Freiburg besuchen

Kennzeichen: bin ein Anpacker-Typ

Marotten: kaue auf meinen
Fingernägeln

Motto: das bekommen
wir schon gebacken

Name: Dave Spirello

Alter: 13 Jahre

Adresse: Giengen (bei Ulm)

Was ich mag: Fußball, selbstge-
machtes Eis von
meinem Daddy,
zaubern

Kennzeichen: witzig und charmant,
schöne Augen

Marotten: o.k., manchmal
nerven meine Witze

Motto: La vita è bella

Name:	Mathilda Markheymer
Alter:	13 Jahre
Adresse:	Freiburg, Herdern
Was ich mag:	die Natur, grüne Smoothies Wölfe
Kennzeichen:	strubbelige Haare No-Name-Shirt
Marotten:	machmal erziehe ich auch gerne meinen Bruder (-:
Motto:	we don't have a planet B!

... und ein mysteriöser Jogi ...

INHALTSVERZEICHNIS

So, jetzt geht
die Story los.

EINE ABSOLUT UNMÖGLICHE BEGEGNUNG

Endlich: Mein Freund Mehmet und ich standen wieder auf unserer NORDTRIBÜNE. Spannung pur: Angriff der Freiburger, Niederlechner legte perfekt auf meinen Lieblingsstürmer Petersen ab. Und dann ... der Mega-Crash: der Gegner grätschte Nils Petersen so was von um!

„Rote Karte, der muss raus!“, schimpfte Mehmet neben mir und seine Haare standen vor Aufregung in alle Richtungen ab. Ich pfiff Vollstoff durch die Finger. Doch dieser dämliche Schiri hatte nur die Gelbe Karte in der Hand und einen Freistoß zu verteilen. Petersen lag immer noch am Boden und HIELT SICH DEN BAUCH. Mehmet starrte aufs Spielfeld. „Hat der was in den Magen bekommen?“
„Ne, guck doch hin“, schimpfte ich, „sieht man doch ... Hübner hat ihn volle Kanne auf die Socken gehauen.“

Petersen wedelte wild, bis der Trainer Streich ihn bemerkte und auswechselte. Im **AFFENTEMPO** rannte Petersen vom Platz.
„Der hat noch richtig Power“, staunte Mehmet, „besser wär’s, Petersen hätte im Spiel Stoff gegeben.“
Der Schiri pfiff ab und das war´s!
Feierabend.

„Wenigstens ist das Gegurke vorbei“, knurrte ich und ließ mich mit den Massen aus dem Schwarzwaldstation schieben. War echt übel heute.
Mann, war ich stinkig - und ratlos. Denn in der ersten Halbzeit waren meine Freiburger recht robust auf dem Platz. Was sie allerdings danach boten, grenzte an Arbeitsverweigerung.

Ich, Max, mit meinem Kumpel Mehmet.

Mehmet schimpfte: „Da muss sich Trainer Streich gewaltig was einfallen lassen, um unsre Jungs in Schwung zu bringen. In zwei Wochen kommen die Stuttgarter!“
Die Schwabenseggel hatten mir gerade noch gefehlt. Wir standen nahe am Abstieg. Für meinen Club ging´s um **LEBEN ODER TOD**. Und genau da kommt der Erzrivale. „Was für ein Kack!“, schimpfte ich.

Angefressen erreichten wir unsere Räder am Eingang der Zäpfle-Hütte. Mit Groll schwang ich mich auf mein Carver-Bike, aber außer uns war halb Freiburg mit dem Rad gekommen. Da blieb nichts übrig, als mit den Massen an der Dreisam entlang in die Stadt zu zuckeln. Bei der Brauerei Ganter lichtete sich der Pulk und Mehmet und ich traten unsern Frust in die Pedale.

Auf Höhe der Innenstadt schossen wir auf unseren Bikes vom Dreisam-Radweg hoch.

„Huuup!“, ertönte es aggressiv von rechts. Ein tiefergelegter, **SCHWARZER MERCEDES** stand urplötzlich vor uns. Klar, dass der Vorfahrt hatte. Aber wie wär´s trotzdem mit Aufpassen?

„Mach halblang!“, giftete Mehmet. Verkehrsregeln hin oder her. In Freiburg nimmt man ein wenig **RÜCKSICHT AUFEINANDER !?**

„Der hat mir heute noch gefehlt!“, stöhnte ich, „ein Benz, und dann noch mit Stuttgarter Kennzeichen.“
Genervt guckte Mehmet von seinem Bike herab ins Auto.
„Max!“, schrie er erschrocken, „der hat ’ne Knarre!“
Und ich? Stand bloß da ... wie festgenagelt ... und spürte, wie DIE PANIK an mir hochsprang wie ein schwarzer Hund ... mein zittriger Blick in den Benz ... auf den Fahrer ...
Reifen quietschen und Sekunden später sahen wir das schwarze Auto nur noch von hinten. FETT GRINSTEN uns die beiden Rücklichter an.
Langsam kam das Blut zurück in die Beine, das Zittern ließ nach und ich versuchte, möglichst cool rüberzukommen, als ich Mehmet fragte: „Mal ehrlich, was war da?“
„Der Beifahrer hatte ’ne WAFFE!“,
sagte Mehmet leise, „glaub ich zumindest.“ Er war ganz blass um die Nase.
„Klar, ... in Freiburg.“, spöttelte ich.
Meinen Schock musste Mehmet ja nicht merken.

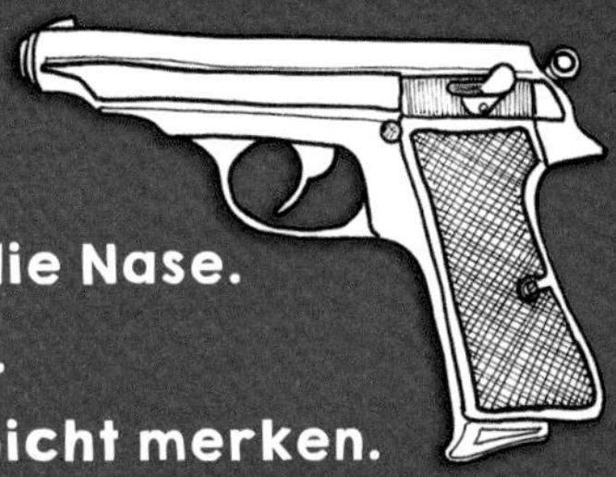

„ICH SCHWÖR!", rief mein Freund mit aufgerissenen Augen. Ich sagte erst mal nichts. Dann ruderte Mehmet zurück: „Okay, ich schwör' nicht. Aber da hat trotzdem was aufgeblitzt."

Ich hatte mich wieder im Griff und jetzt wollt ich's wissen: „ALTER, was hast du denn genau gesehen?"

Mehmet antwortete langsam: „Ich stand ja auf der rechten Seite vom Benz und glotzte auf den Beifahrer. Das war so ein Glatzentyp mit einer

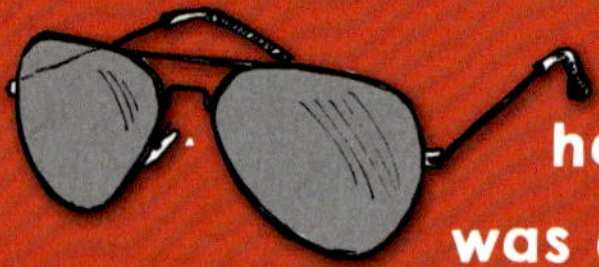

stylishen goldenen Sonnenbrille. Auf halber Höhe drückte der dem Fahrer was auf den Bauch. Ne' Knarre oder so", Mehmet schaute mich an, „aber sag mal, du warst doch links vom Benz. Hast DU nichts gesehen?"

Ich winkte ab. Nachdem meine Panik weg war, wollte ich das Ding mit der Knarre einfach nicht glauben. Doch nicht hier, in unserer friedlichen Stadt, oder?

Normalerweise ist Freiburg friedlich. Man kann zum Beispiel beim Freiburger nen chilligen Burger essen.

„Weißt du was, Kollege?“, meinte ich, „vergessen wir's! Lass uns zum Mäckes fahren. Erst dieses bescheuerte Spiel, danach die Aufregung. Ich brauch 'NEN BURGER!“

Als uns das Martinstor entgegenlachte und mir die Spucke im Mund zusammenfloss, war die Laune halbwegs repariert. Mehmet sah auch nicht gerade unglücklich aus, als ich den Burger erwähnte.
Mit unseren Tüten in der Hand suchten wir uns ein Plätzchen in der Sonne.
Ich hatte Mehmet vor zwei Jahren beim Fußballtraining kennengelernt. Er kam zwar aus der anderen Ecke der Stadt, aber da er, wie ich, die Ehre hatte, bei den SC Junioren zu kicken, sahen wir uns oft und gern. Er war ein echter Buddy!
„Weißte was, Max?“, sagte Mehmet mit vollem Mund, „haken wir das Ganze ab. Die Story mit der Waffe glaubt uns kein Mensch. Erst recht KEIN ERWACHSENER.“

In diesem Hochhaus in Weingarten wohnt mein Kumpel Mehmet.

Ich stimmte zu. Schließlich hatte ich Mehmet sowieso nicht erzählt, was ich gesehen hatte. Warum? Weil es total verrückt und bescheuert war! Ich hatte den Fahrer gesehen. Glasklar. Es war - Jogi Löw.

Unser Bundesjogi wurde bedroht, überlegte ich. Das ist so irre, das glaubt mir NIEMAND! Nicht mal Mehmet.

Ich verabschiedete mich von meinem Kumpel und radelte die Kaiser-Joseph-Straße entlang durch die Altstadt. Ich grübelte. UM MEIN FREIBURG STAND ES NICHT GUT. In zwei Wochen war die Entscheidungsschlacht gegen Stuttgart. Mein Club war schwach. Die Jogi-Erscheinung verwirrte mich. Vielleicht hatte ich mich doch getäuscht. Wie gut, dass ich Mehmet nichts erzählt hatte. Gedankenverloren bog ich in die Südstraße ein.

ALLTAGSLEID EINES FUSSBALLFANS

„Ich habe mir schon Sorgen gemacht“, begrüßte mich meine Ma.
Als ob ich mit dreizehn Jahren noch EIN BABY wäre. Die seltsame Begegnung mit dem schwarzen Benz und den winzigen Abstecher zum Mäckes brauchte ich nicht zu erzählen. Ich wollte einfach Frieden. Um nichts zu riskieren, biss ich in die Bio-Kohlrabi, die Ma auf den Tisch gestellt hatte. Ich mampfte zu meiner Ma rüber. „Hast Du gehört, dass wir brutal verloren haben? Ich bin gespannt, wie das in vierzehn Tagen gegen Stuttgart wird. Die Schwaben MÜSSEN WIR PACKEN.“

„Klar hab ich das mitbekommen!“, antwortete sie, „es wurde auf baden.fm übertragen. Der Reporter hat sich gefragt, welche strategischen Änderungen der Trainerstab vornehmen muss, damit die Mannschaft gegen den VfB Stuttgart gewinnt.“

„Die Spieler müssen einfach ihre Backen zusammenkneifen und kämpfen!“, antwortete ich genervt. Ma drückte sich manchmal so gestelzt aus; kein Wunder, sie war ja auch Deutschlehrerin. „Apropos Schwaben“, sagte sie, „dein Cousin aus Giengen hat sich angekündigt. Meine Schwester Michaela hatte mich gefragt, ob er in zwei Wochen kommen dürfe.“

„Hey, cool!“, rief ich aus. Ich mochte Nico, den zupackenden Kerl AUS DEM SCHWABENLÄNDLE. Als ich erfuhr, dass er seinen Kumpel Dave mitbringt, freute ich mich noch mehr. Dave war ein alter Witzbold, den ich von meinen Urlaubsaufenthalten auf der Schwäbischen Alb her kannte.

War ich bei Nico gingen wir immer ins Eselsburger Tal.

Ich zückte das Handy, um Nico zu schreiben. Meine News musste ich auch mal wieder checken. Mehmet hatte mir ein Foto auf Instagram gesendet. Der SC-Spieler Petersen war zu sehen, wie er in die Kabine rennt. Darunter stand: „PULLER-ALARM! Petersens Pinkel-Panik!“

So ein blöder Reim von Mehmet, dachte ich. Komplett unwitzig. Wenn die **LIEBER KACKEN ALS KICKEN**, muss man sich nicht wundern, dass sie auf einem Abstiegsplatz stehen.

„Tief im Süden ist unser Platz“, brummte der SC-Freiburg-Fansong aus meinem Wecker. Ich schlug drauf. Zwar war's die beste aller Möglichkeiten, mit der Hymne geweckt zu werden, aber mies blieb es trotzdem: Montagmorgen, 6.40 Uhr! Dabei hatte ich süß geträumt, von Angela ...

Jetzt sprang mich wieder die fiese Realität an: Mein Club hatte gestern gegen Mainz verloren. Und heute war Schule. Ich schlüpfte in mein cooles Nike-Hoodie und schlurfte zum Frühstückstisch. Wie üblich war Ma in der Schule, Pa im Labor. Mutters Thermomix-Smoothie wartete grün, schaumig und **FIES GRINSEND**.

„Willst Du Deinen Fitmacher?“, fragte Mathilda. Mein Schwesterherz grinste so fies wie der Smoothie.

<— — — Lecker sieht anders aus!

Natürlich wusste meine „Oberöko-Schwester“, dass ich das Gesöff immer **INS KLO LEERTE**. Mutter durfte das nie erfahren. Sonst bekäme ich 'nen Einlauf der Luxusklasse. „**ÖKO-MATHILDA**“ hingegen mochte das Zeug, ... klar.

Leider hatte ich keine Zeit, mich mit ihr zu streiten. Schließlich musste ich schnell die Pressekonferenz gucken. Ich zückte mein Handy und klickte das Video an.

Hier gibt es immer ein freies Plätzchen für unleckeres Zeugs.

DIE SELTSAMEN PROBLEME DES SC FREIBURG

„Herr Streich,“ fragte eine Reporterin „warum haben Sie Petersen, Niederlechner und Haberer ausgewechselt? Die waren doch in den ersten 45 Minuten stark.“
„Tja“, Streich sah ratlos in die Kamera, „denen fehlte in der zweiten Hälfte schlagartig der Biss.“ „Hat Ihre Mannschaft etwa **KONDITIONSPROBLEME**?“, bohrte die junge Frau nach.

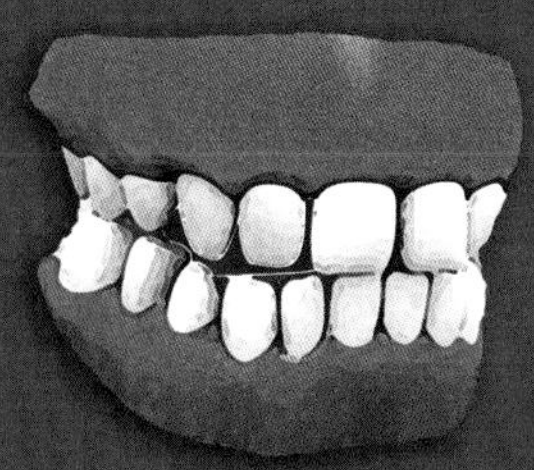

„Sie wissen, dass wir beim SC höchsten Wert auf Ausdauer und Kampfgeist legen. Aber ich habe vorsorglich den Fitness- und den Co-Fitnesstrainer beurlauben lassen und übernehme diese Woche das Konditionstraining.
Für den Klassenerhalt muss **GEGEN STUTTGART EIN SIEG** her. Das ist ganz Freiburg klar. Mir besonders. Sie können sicher sein, dafür tu ich alles!

Jedes Training, **JEDES ZIPPERLEIN IST CHEF-SACHE**. Selbst das Ablaufdatum der Pausengetränke überprüfe ich.“
Die Journalistin sagte: „Ganz Freiburg wünscht Ihnen ...“

„Hey Max“, kläffte es neben meinem Ohr, „du musst los, sonst verpasst uns die Miller direkt einen Eintrag!“ Ich steckte mein Handy in die Jeans und wir **RANNTEN LOS** zum Friedrich-Gymi. In Rekordzeit und vor der Miller erreichten wir die Klasse.

Sieht nett aus: Aber auch hier ist Pause das Beste.

DIE SCHWABEN KOMMEN!

Es war der Donnerstag vor dem verlängerten Wochenende und sie standen am Bahnhof in Giengen: Gleich ging es für Nico und Dave ab nach Freiburg. Ihr Kumpel Robin, mit dem sie sonst ein unzertrennliches Kleeblatt bildeten, und mit dem sie letztes Jahr **EINEN KRIMINALFALL** gelöst hatten, wollte nicht mit nach Freiburg.

„Sorry Männer“, hatte er sie wissen lassen „ich bin mit Kassandra fürs Springturnier angemeldet. Das geht vor, es ist mein erstes L-Turnier.“

Nachdem die beiden das „**GEZUCKEL**“ der Brenztalbahn in Ulm hinter sich hatten, und im Regionalexpress die Donau an ihnen vorbeizog, kramte Nico sein Handy aus der Tasche und öffnete die Kicker-App.

„Hoppla, bei Freiburg läuft's nicht rund. Die müssen am Wochenende gegen Stuttgart gewinnen, sonst steigen sie ab. Das Spiel müssen wir unbedingt in der Glotze anschauen! Bei meinem Cousin hat man Sky.
Das haben Max und sein Daddy **GEGEN DIE FRAUENFRONT** durchgesetzt", bemerkte er anerkennend.

Nach den Fußball-Talks wuppten Nico und Dave die Hausis weg. Ihre Mütter hatten das Schulzeug extra eingepackt, für die lange Zugfahrt. Die Fahrt zog sich und wurde langweilig. Sie quatschten, Dave zeigte seine neuen Zaubertricks und schließlich zockten sie Fifa 19 Mobile.

Als sie die **HIRSCHSPRUNGSTELLE** passiert hatten, gab Nico das Signal zum Zusammenpacken und wenig später lief der Zug im Hauptbahnhof ein. Auf dem Bahnsteig war ein winkender Max nicht zu übersehen.

„Hi Nico, Hi Dave! Willkommen in der Metropole!“, rief ich meinen beiden Schwabenkumpels zu, als die Provinzler aus dem Zug stiegen. Mein Freund Mehmet begrüßte sie mit dem bei uns üblichen **WILLKOMMEN-CHECK**.

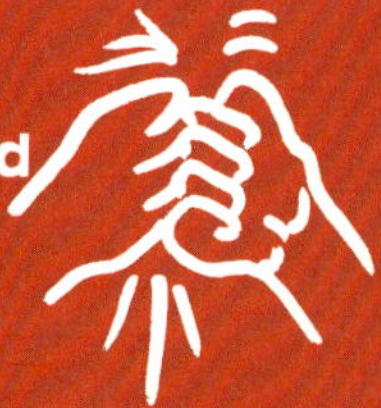

Eine kleine Ghetto-Faust geht immer. Nico und Dave schüttelte meiner Ma brav die Hand, und nachdem sie ihr übliches Zeugs gefragt hatte - gute Reise gehabt und so - quetschten wir uns in Mutters peinliches Elektroauto.

Vorschriftsmäßig fuhren wir **IM SCHNECKEN-TEMPO** nach Herdern. Zu Hause angekommen meinte Ma: „Bringt schnell eure sieben Sachen aufs Zimmer. Das Mittagessen ist fertig.“

Hier wohne ich.

DA HELFEN NUR DIE KRIMI-KIDS!

„Ich muss sagen, Frau Markheymer, der Spargel schmeckt köstlich“, lobte Dave kurze Zeit später. „Unser italienischer Gentlemen“, schmunzelte ich in mich hinein. Dave war Halbitaliener und wusste, wie`s geht.

„Toll, dass ihr da seid! Normalerweise gibt`s Dätschgemüse aus dem eignen Garten“, sagte ich **CHEFMÄSSIG**.

„Guten Tag, die Herren!“, tönte es von hinten. Mathilda war aufgetaucht. Ungekämmte Haare, barfuß, lila No-Name-Shirt. Dave grinste sie **LEICHT DÜMMLICH** an. Etwas zu lange, wie ich fand. „Mum ...“, setzte meine Zwillingsschwester wichtig an, „ich glaube, Max möchte gerne einen deiner grünen Smoothies. Ich wollte dir dazu eh berichten, dass ...“

<– – – – Meine Schwester. Ich sag da jetzt mal nicht mehr dazu ...

„Laber nicht“, grätschte ich dazwischen. Ein Öko-Einlauf hatte mir noch gefehlt! Vor allem vor den Jungs wollte ich keine Standpauke ertragen.
„Männer!“, haute ich raus und wandte mich an Nico, Dave und Mehmet, die mit dem Essen fertig waren. „Ihr seid sicher nicht wegen Grünzeugs hier. **GOOD NEWS!** Unser SC hat heute Training. Lasst uns zuschauen!“
„Nix wie los!“, rief Nico begeistert. Ich grinste, mein Plan funktionierte, und bevor mein „Schwesterherz“ ihre Petzgeschichte auspacken konnte, waren wir Jungs in der S-Bahn Richtung Stadion.

„Hey Dad“, grüßte Mehmet seinen Vater, der mit Eimer und Lappen bewaffnet am Stadioneingang herumturnte.
„Ich dachte, du bist Zeugwart, und musst hier draußen nicht den **PUTZMANN** spielen?“

„Na, wenn's brennt, dann alle helfen“, brummte Herr Karakaya gestresst. „Da hat Idiot verdammte Bild an Wand gemalt“, schimpfte er und **SCHRUBBTE ÜBER EIN GRAFFITI**.

So ganz bekam er die Schmiererei nicht weg. Was mit „erfrischend schlecht“ konnte ich lesen. „Wenn ihr Training sehen wollt, dann schnell. Heut ist die Truppe klein, Spieler wohl zu Hause sein“, grinste uns Herr Karakaya an. Er hatte Spaß an seinem Reim.

„Streich sollte unsere Mannschaft lieber härter rannehmen“, schimpfte ich, „die haben in letzter Zeit kraftlos gespielt.“

„Du wissen was, Junge?“ Yussuf Karakaya schaute mich mit großen Augen an. „Ich habe zu Streich gesagt, damit der Club spielt schöner, gib ihm **ORDENTLICH DÖNER**! Doch Trainer war nicht aufgelegt für Späßchen. Streich sagte, echtes Problem. Viele Spieler bekomme Durchfall. Doktor von SC geguckt, was sein kann. Aber Onkel Doktor ist nix liebe Gott und weiß nix.“

Gibt Kraft!

Dave kicherte vor sich hin. „Kapier ich das? Weil etliche Spieler vom SC **FLITZKACKE** haben, geht da einiges in die Hose? Verkacken die den Klassenerhalt? Und das im wahrsten Sinne des Wortes!“, prustete Dave raus.

„Hallo!“, rief Nico in die Heiterkeit. „Das ist nicht witzig! Spätestens gegen den VfB muss Freiburg fit sein. Als Fan von Heidenheim bin ich **VON GEBURT AN GEGEN STUTTGART**.“

Ich pflichtete meinem Freund bei. „Witzig ist das keinesfalls! Wenn mein Club absteigt, gnade uns Gott. Dann kommen aus jedem Eck die Gegner hochgekrochen, die Flieger, die Spar- und die Umweltfreunde. Da wackelt gar der Stadionneubau im Mooswald, weil dort ein Gänseblümchen gefällt werden muss. Witzig ist der Durchfall nicht. Nur seltsam. Ich knobel seit ein paar Tagen, warum die Spieler Dünnpfiff haben. Die Jahreszeit gibt das nicht her. Und in der Stadt geht nichts rum.“

Nico klatschte in die Hände. **GENIAL!** Das Ganze schreit ja förmlich nach uns. Ausgeknobelt, angepackt. Das ist ein Fall für die **KRIMI-KIDS**!“

„Krimi-Kids?“, fragte Mehmet.

Nico schaute Mehmet an und erklärte: „Letztes Jahr haben wir auf der Alb einen hochbrisanten Entführungsfall gelöst."

„Aber da ging's um einen Zweitliga-Spieler", witzelte ich, „hier spielt man in der ERSTEN LIGA."

Nico war in Fahrt : „Es sieht so aus, als ob der SC nicht weiterkommt. Zur Polizei können die schlecht gehen. Da bleiben nur wir!"

„Super, ausgerechnet wir sollen rausbekommen, warum die Spieler krank sind. Weil wir ja die Oberärzte sind", grummelte ich.

Nico war echt EIN ANPACKER, das überforderte mich ein wenig.

Der aber ließ sich nicht beirren und rief: „Wir schaffen das! Wir müssen nach dem Motiv suchen. Das führt zum Täter. Wer hat was davon, wenn der SC abschmiert?" Wir schauten uns RATLOS an.

DÖNER-POWER FÜR GROSSE AUFGABEN!

„Ist doch klar, ... der VfB“, antwortete Dave. Die Story war mir **ZU ABGEFAHREN**: „Mmmmh, ich weiß nicht ... die VfB-Mannschaft kommt heimlich nach Freiburg, infiziert die SC-Spieler mit einem Virus und haut wieder ab? Das ist so schlecht, da würden die ja nicht mal einen Tatort draus machen.“

Yussuf Karakaya, der zwischenzeitlich interessiert zugehört hatte, bereicherte uns wieder mit einem Reim: „Herrn Detektiven will ich nicht im Wege stehen, drum ich lieber putzen gehen!“

Ich spürte, dass hinter dieser Ironie jede Menge **ARBEITSSTRESS** steckte und schaute zu Mehmet. Der hatte es auch kapiert und fragte pflichtschuldig, ob er seinem Daddy helfen solle.

Schnell eilte Herr Karakaya wieder zum Putzen.

„Ein paar Stunden Hilfe sind drin“, hörte ich mich sagen, und dachte, dass Yussuf das Angebot sowieso nicht annehmen würde.

Aber Yussuf rief: „Ihr mir helfen und Ordnung machen!“ Er reimte belustigt weiter: „Denn am Spieltag muss ich sagen, immer Stress im Stadion haben.“

Dave schaltete als Erster. „Wie bitte? Wir dürfen am Spieltag mit Ihnen ins Schwarzwaldstadion?“ Mehmet klopfte seinem Daddy auf die Schulter. „Du bist der Beste!“

„Yussuf IMMER DER BESTE“, kicherte der kleine Mann vor sich hin. „Aber ihr müsst machen Arbeit. Nicht nur beim Spiel gucken. Muss sein wie von Profi.“

„Gibt es da unten in den Katakomben WiFi?“, fragte Dave. „Damit wir den Kick auf unseren Handys verfolgen können?“

„Du wirst dein Handy nicht brauchen“, klärte Mehmet auf, „ich hab meinem Daddy hin und wieder bei Spieltagen geholfen. Wir bleiben nicht das komplette Spiel dort unten. Es bleibt genügend Zeit fürs Match!“

Herr Karakaya war echt n cooler Typ. Ne wirkliche Nummer 1.

„Geil!“, feierte Dave die Nachricht, „ich würde euch am liebsten vor lauter Freude zu ner Pizza bei meinem Dad einladen.“
Sein Daddy hatte zu Hause eine Pizzeria. Aber das war weit weg.

„Wenn du Freude mit Freunden teilen wollen, lade ein zu einem Döner“, lachte Herr Karakaya. **„DÖNER MACHT SCHÖNER.“**
„Einverstanden“, sagte Dave.
„Onkel Amar hat in der Kartäuserstraße den besten Dönerladen der Stadt“, rief Mehmet. „Lasst uns feiern, dass der Tag so cool zu Ende ging.“

Hier gibt's lecker Döner!

Wir vier Jungs verabschiedeten uns von Yussuf und begutachteten das Training der SC´ler. Dafür waren wir ja gekommen.
Danach ging es entlang der Dreisam zu Sedir, Onkel Amars Döner-Restaurant.
Mit Profitricks im Kopf und einem ordentlichen Dönerhunger im Bauch, liefen wir Richtung **DÖNERPARADIES**.

Es dämmerte schon, als das beleuchtete Dönerschild den Weg zum Glück wies. Da entdeckte Dave die **SCHMIEREREI**. Dick und fett auf der Ladenscheibe war das Buntwaldmilch-Logo aufgesprüht. Darunter stand: Erfrischend schlecht!

„Was soll das?", fragte er und zeigte mit dem Finger auf das Geschmiere.

Ich begutachtete die versaute Scheibe. „Hier ist jemand echt stinkig auf Buntwaldmilch, Leute!"

„Sind die was Besonderes, oder so?", fragte Dave.

„Buntwaldmilch ist 'ne Molkerei von hier. Die machen Milch und **GÖTTLICHE SMOOTHIES**. Das sag ich nicht, weil die Sponsor von meinem SC sind, das ist so. Die Smoothies von denen sind exakt das Gegenteil vom grünen Smoothie meiner Ma. Hammergut und **GEILE GESCHMACKSRICHTUNGEN!**", erklärte ich Dave.

Mit einem Döner mit viel „**SCHARF**“ in der Hand schlenderten wir leicht sabbernd durch die Innenstadt. Keiner sagte etwas, jeder kaute. Alle, bis auf Mehmet. Er hatte einen Anruf von seinem Dad erhalten, dass er helfen müsse.

Als wir zu Hause eintrafen, war Ma erleichtert. Ich kroch müde ins Bett. Ein Tag voller Ereignisse neigte sich zu Ende. Und in 72 Stunden war Spieltag. Wunderbar! Die Stuttgarter sollten ruhig kommen. In der Kabine würde alles passen, damit der SC den Gegner wegputzte.
Jetzt müssten wir nur noch meinen SC vom Durchfall heilen. Ich spürte, wir vier waren eine **STARKE MANNSCHAFT**.

Ich nehm meinen Döner immer gerne mit „viel scharf“.

SCHON WIEDER ER

Es klopfte an der Zimmertür. Akkurat und deutlich. Total verpennt schaute ich auf meinen Wecker. Acht Uhr morgens, am schulfreien Freitag! Noch bevor ich richtig **SHIT**, denken konnte, bohrte sich die klare Stimme meiner Mutter zu mir durch: „Maximilian, in drei Minuten bist du unten bei mir!“
Das waren Ansagen, denen konnte ich nicht entkommen. Die Leidenserfahrung hatte ich. Es kam, was kommen musste: Der Einlauf wegen der weggekippten Smoothies ... inklusive **SCHIMPFTHEATER**! Von G wie Gesundheit bis V wie Verantwortung. Muss ich euch erzählen, dass die hungernden Kinder auch nicht ausgelassen wurden? Mann, ... hatte ich einen Hals auf **MEINE ZWILLINGS-PETZE**!

Mutter machte voll das Schimpftheater und legte los, wie es Wachtmeister Dimpfelmoser nie hinbekommen hätte ....

Die war ja eh Mamas Liebling. Sie war genau so „öko", wie Ma immer sein wollte. Ich fand Öko-Sein okay, aber nicht so übertrieben.
Wart ab, Schwesterlein, dachte ich, **RACHE IST BLUTWURST**! Gerade für Veganer! Da kam Mathilda die Treppen heruntergeschlendert.

Ein Blick auf mein Gesicht genügte ihr wohl. Sie erfasste die Lage, setzte sich schnell zu meinen Freunden, und fing an, sich prima mit ihnen zu unterhalten. Alle lachten vergnügt und **FUTTERTEN NUTELLA-TOASTS**.

Dave grinste Mathilda an. Die schob sich ein Toast hinter die Kiemen - aha, heute spielte das Palmfett wohl keine Rolle! Bevor ich einen coolen Spruch raushauen konnte, (ehrlich gesagt, brauche ich da manchmal ein bisschen, bis mir was einfällt) kam die nächste Ansage von Ma.
Heute waren Mathilda und ich zum Ministrieren eingeteilt. Gewusst hatte ich das, nur verdrängt. Mathilda, die natürlich nicht zu spät kommen wollte, machte sich auf die Socken.

Ich fragte Dave und Nico, ob sie Lust hätten, mit mir zu kommen. Sie wollten aber lieber beratschlagen, wie unser Fall zu lösen sei.
„Dann treffen wir uns nach dem Gottesdienst vor dem Haupteingang, zur Besprechung“ schlug ich vor. Nachdem ich mich draußen auf mein Bike geschwungen hatte, angelte ich mit der einen Hand mein Handy aus der Jackentasche, und schrieb Mehmet eine WhatsApp-Nachricht: Komm bitte um elf Uhr Münsterplatz.

Mein Freund musste unbedingt dabei sein! „PLING!“ Das war eine Nachricht von meiner Ministrantengruppe. Ein Bild von Petersen, wie er einen Buntwald-Smoothie trinkt. Darunter stand: Erfrischend schlecht!
„GROSSER GOTT“, fluchte ich vor mich hin, „wenn selbst die Mini-Leute solch ein Käse posten, ist dieser Dreck beim Hinterletzten angekommen.“ Ich gab Gas und die Häuser flogen an mir vorbei. **DA KAM ER MIR ENTGEGEN ...**

VON WEGEN RUHIGE ANDACHT

Wie immer, in schwarz. Das war unverkennbar Jogi Löw! Uns Freiburger haut das ja nicht vom Sattel. Denn unser Jogi taucht immer wieder in der Stadt auf. Beim Breuninger, auf einen Cappuccino im Tizio, im Fitness. Wir behandeln unseren Jogi wie echte **EHRENMÄNNER**. Respektvolles Grüßen aus der Ferne. Es ist wie bei einem Reh: Man erfreut sich am Auftauchen bleibt aber still, um es nicht zu verscheuchen.

Hier chillt auch der Jogi.

Heute jedoch erschrak ich. Die Pistolengeschichte schoss mir wieder durch den Kopf. Ich stieg vorsichtshalber vom Rad, weil meine Knie zittrig wurden. Jogi hastete auf ein Auto zu, das einige Meter weiter stadtauswärts stand. Wo unser Jogi sonst gechillt in die Menge grinste, schien er heute **IM STRESS** zu sein.

Okay, das war ich auch, stieg aufs Bike und radelte zum Münster. Zum Gottesesdienst durfte ich nicht zu spät kommen.

Ich saß neben Mathilda im Chorraum und lauschte andächtig der Predigt. Besser gesagt, ich tat so, als ob. In Wahrheit gönnte ich meinen Gedanken einen Spaziergang. Dieses dunkle, GEHEIMNISVOLLE Münster strahlte eine supergeile Gelassenheit aus, die ich genoss. Zugeben würde ich das zu Hause ja nie.
Ich grübelte: Wie infiziert man die SC-Spieler mit Durchfall?“ Einen Virus spritzen? Was ins Essen geben?

Klingeling-klingeling ... die Wandlungsglöckchen rissen mich aus meinen Überlegungen. Eucharistie war dran. Ich nahm die Hostie. AMEN. War froh, dass nur der Priester aus dem Kelch trank. Manchmal reichten sie den Pott herum. Wie eklig, wenn alle daraus nippten. Meine Gedanken schweiften langsam wieder ab ....

Nicht immer wollte ich aus dem Kelch trinken ... --->

„Hilfe! Scheiße! Da!!“ **GEKREISCHE** folgte. Alle schreckten auf. Sahen auf Mathilda. Sie war zwei Plätze neben mir im Chorraum gesessen, mit Blick nach hinten in den Münsterraum. Jetzt schrie sie hysterisch herum. Ihre Hand zeigte wie ein Pfeil Richtung Münsterende. Weitere Rufe kamen vom Kircheninnenraum. „Polizei!“, rief jemand. Das Scheppern von runterfallenden Liederbüchern. Erste Tumulte. Mathilda rannte nach hinten. Ich kniff die Augen zusammen.

Dort war ein mannshohes, neues Kreuz. Das war mir schon beim Reinlaufen aufgefallen. Nun war dessen oberer Teil nicht mehr mit einem **DUNKELROTEN TUCH** bedeckt. Das war runtergerutscht und alles war zu sehen. Und was ich erblickte, ließ mir den Atem stocken.

„Unglaublich!“ Mein Mund blieb offen stehen. An dem Kreuz hing ... ich rannte darauf zu, um es genauer zu erkennen ... ja, da baumelte eine komische Gestalt. Ich spürte Übelkeit in meinem Körper hochkriechen.

Im hinteren Teil vom Münster war mir gleich aufgefallen, dass das Kreuz mit einem Tuch verhangen war.

MANCHMAL MUSS ES EIN ECHTES SORRY SEIN

Das konnte nicht sein. Mittlerweile hatte sich eine Menschentraube gebildet. Vorne Mathilda. Halb von Sinnen stand sie da und brüllte.
Ich erkannte: Am Kreuz hing ein Wolf. So irre mir das erschien, so klar sah ich das Tier. Hingenagelt wie Jesus baumelte da ein grauer, **SCHLAFFER WOLFSKÖRPER**.

„Bitte gehen Sie alle ruhig und geordnet nach draußen“, forderte ein Polizist auf. Seine beiden Kollegen waren mit rot-weißen Flatterbändern beschäftigt.

Ich sah, dass ein weiterer Beamter Mathilda sanft an der Schulter schüttelte. Sie war wie erstarrt. Die Gottesdienstmenge schob mich auf den Münsterplatz. Hier herrschte Aufruhr. Da vorne warteten Nico, Dave und Mehmet. Ein paar Schritte daneben mein Schwesterherz. Die sah angegriffen aus. Auch mir ging die Sache **AN DIE NIEREN**.

BRUTAL, wer so ein schönes Tier killen konnte! Doch da sprang mich plötzlich wie ein kleines Teufelchen ein Gedanke an. Kennt ihr den Moment, wenn sich in eurem Herz Engelchen und Teufelchen streiten? Nun, das Teufelchen siegte und ich dachte: „Für die blöde Petzerei mit dem Smoothie **MUSS** Schwesterherz büßen!“ **RACHE IST BLUTWURST**! In **DIE** Wunde piks ich rein.

Ich fasste meine Schwester an der Schulter und fragte cool: „Na, hat dein Wolf sein Revier erweitert? Dass er es bis ins Münster schafft, hätt ich ja nie gedacht.“
Sie fuhr herum, komplett in Rage: „Er ist tot. **DER WOLF IST TOT**!“
Holla, war die aufgebracht! Ich entgegnete: „Beruhige dich! Dein Geschrei macht ihn nicht lebendig.“ Tränen schossen aus Mathildas Augen und sie sprang mir wie eine Furie entgegen.
Dave packte meine Schwester und schlang seine Arme um sie. Lang und intensiv. **IRRER TYP**, dieser Dave, dachte ich.

Es schien exakt die richtige Medizin zu sein. Mathilda schluchzte. Umarmte Dave zurück. Wir Jungs standen BETRETEN im Kreis herum.

Nach einer gefühlten Ewigkeit ebbte das Schluchzen ab.
Oh Mann, da hatte ich ja was angerichtet. Aus der Nummer würde ich so schnell nicht mehr herauskommen. Da hatte ich mich krass verrannt. Mathilda tat mir von Herzen leid. Ich hatte Bockmist gebaut. Dann gab ich mir einen Ruck … und gleich noch einen. „SORRY, SCHWESTER, ich wollte dich nicht verletzen.“

Mathilda schniefte und antwortete: „Ist okay. Meine Aktion, dich bei Ma zu verpetzen, war auch nicht so der Burner.“
Meine Schwester hatte echt KLASSE! Wir umarmten uns kurz, bis meine Brille fast verrutschte. Ganz so lang wie mit Dave musste es ja nicht sein.

Schaut lieber mal da!“, rief Nico. Drüben beim Georgsbrunnen hatte das Fernsehen seine Zelte aufgeschlagen. Wow, waren die schnell! Sie interviewten die Leute, die recht verwirrt aus der Kirche kamen. Ein kleiner Pulk bildete sich.

Mist ist, wenn man selber Bockmist baut. Kommt vor, kann man aber wieder gerade biegen.

„SAPPERLOT!“, rief Dave. Da wird grad der Jogi Löw interviewt. Der war wohl auch in der Kirche. Gilt der jetzt als Experte für Wolfsfragen?“
„Mir wird das hier zu voll. Dieses Gedränge überall … kommt, wir hauen ab! Die Wolfstory kommt heut sicher noch in den Nachrichten“, stöhnte Nico.
Ich war sofort einverstanden; diese Aktion war ECHT VERWIRREND. Wer tut so etwas?
Einen echten Wolf ans Kreuz nageln?
Und außerdem war Jogi schon wieder da. Seltsam …

„Ich BRAUCH ´NE PAUSE … und ein Eis“, schlug ich deshalb vor. „Abkühlung für klare Gedanken. Wir müssen uns auf die Rettung vom SC konzentrieren!“
Mathilda wuschelte ihre Haarmähne zu einem Pferdeschwanz zusammen und rief: „Ich wär da auch dabei!“
Für diesen Fall brauchen wir jeden Mann, dachte ich, und besonders ein Mädel wie Mathilda.

DAS GEHEIMNIS STECKT IN DER UNTERHOSE

„Das Schokoeis ist **HAMMER**“, rief Dave begeistert.
„Lass schlecken!“, forderte ich Dave auf. Er hatte sich für drei exklusive Sorten entschieden, denn es gab bei Mariotti ausgefallenes Zeugs. Ich hatte mir aber heute ein Milchshake bestellt.
„Nee danke“, grinste Dave, „behalt deine Bazillen bei dir.“
Ich überlegte: „Jemand bekommt es hin, viele SC-Spieler mit Durchfall anzustecken. Die muss er gemeinsam an einem Ort erwischen.“
Gedankenverloren griff ich zu meinem Milchshake. Und grübelte weiter. **DA WAR EIN GEDANKE**, der ständig in mir aufblitzte, aber immer, wenn ich ihn fassen wollte, war er wieder weg.

Die anderen sahen mich neugierig an und warteten. Dann machte es „ZONGA!“ und ich schaute wahrscheinlich wie eine Kuh, die beim Kacken vom Blitz getroffen wird..

„Ich Blödmann!“, brach es aus mir raus, „logo, es ist IM Getränk! Und zwar in einem, das alle trinken. Wie in der Kirche, da trinken auch alle aus dem gleichen Kelch.“

„SO WAS GIBT’S!“, murmelte Mehmet und strich sich seine Mähne gedankenverloren aus dem Gesicht, bevor er uns erklärte: „Nicht einen Pott für alle, aber alle Spieler trinken in der Halbzeit den gleichen Smoothie. Den von Buntwald-Milch, dem SC-Sponsor. Dieser Smoothie wird kurz vor der Pause jedem Spieler auf seinen Spindplatz gestellt. Vor das Handtuch. Rabet bekommt einen Schokoriegel dazu. Haberer eine Banane.“
„Du kennst Dich aus!“, sagte Mathilda anerkennend.

Also den Kuhfladen haben wir nicht hingemalt. Aber ihr könnt euch sicher vorstellen, wie doof ne Kuh beim Kacken schaut.

„Klar“, meinte Mehmet „das alles macht mein Daddy. Der schenkt die Smoothies vor der Pause den Spielern sogar in **IHR NAMENSGLAS**. Beim SC ist immer Liebe dabei“, grinste Mehmet. Sein Lachen verschwand, er versteinerte. „Nicht, dass ihr glaubt, mein Daddy würde den Spielern was ins Glas rühren!“

„Bist Du noch ganz dicht, Mann?“, herrschte ich ihn an. „Jeder weiß, dass Yussuf ein **EHRENMANN** ist!“

„Daddy erledigt seine Sachen immer perfekt. Er ist fünf Minuten vor der Halbzeitpause fertig und haut aus der Kabine ab“, fuhr Mehmet fort.

„Wir müssen es übermorgen schaffen, kurz vor der Pause, dorthin zu gelangen. Stimmt unsere Theorie, erwischen wir exakt dann exakt den Täter!“, triumphierte ich. Dave, Nico und Mathilda nickten.

„**GUTER PLAN!**“, antwortete Mehmet, „mein Daddy hat uns erlaubt, ihm zu helfen. Er meinte, wir sollten die schmutzige Spielerwäsche raustragen und so Zeugs.

Die SC-Kabine ist die Herzkammer. Eine Art heiliger Rückzugsort, um Kraft zu tanken. Oder um einen „Einlauf“ vom Trainer zu kassieren. Jedenfalls für Fremde absolut tabu. Falls wir in der Kabine sind und die Spieler kommen zur Halbzeitpause rein, gäbe das **HOCHGRADIG ÄRGER** für Daddy.“
Das stimmte. „Wir können nicht riskieren, dass Herr Karakaya seinen Job verliert. Er vertraut uns, da dürfen wir keinen Scheiß bauen!“

„Wo du gerade „Scheiß“ sagst“, Mehmet beugte sich bedeutungsvoll zu uns, „Daddy hat doch erzählt, dass die Spielerwäsche in letzter Zeit verdreckt ist.
Schon witzig, wenn man daran denkt, dass bei den SClern zwar die Frisur perfekt sitzt, aber die Herren Fußballer mit **BREMSSPUREN** in den Unterhosen kicken.“
Mehmet grinste noch bedeutungsvoller.

Dave rümpfte theatralisch die Nase. „Und bei richtig Dünnpfiff wird aus 'ner kleinen Bremsspur schnell ein mächtiger Rallyestreifen. Mit Randmaterial!“

Endlich klickte es in meinem Hirn und ich rief: „Ich Idiot! Klaro, diese **DRECKWÄSCHE** brauchen wir!“ Verständnislos schauten mich meine Mitstreiter an. Ich hingegen fragte Mehmet: „Kannst Du uns die Spielerbuxen besorgen? Mein Daddy ist Ernährungswissenschaftler am Labor. Der macht

oft Analysen und so Zeugs, sicher könnte der die untersuchen. Falls Gerd feststellt, da ist was faul, schlagen wir zu. Dann wagen wir den Sturm auf die Kabine.“

„**OPERATION SHIT** läuft an!“, witzelte Dave, „obwohl ich mir nicht sicher bin, ob ich meine Nase in den Fall stecken will.“

„**GENUG GELABERT**.“ Mehmet schaute auf seine Uhr. „Wir brauchen die Hosen, übermorgen ist Spiel! Genau jetzt ist Halbzeitpause!“

Nico schaute belämmert.

„Halbzeitpause?“ „Na, vom Schlusstraining!“ rief Mehmet aus. Wir verzogen unsere Gesichter. Was für eine eklige Mission! Aber da mussten wir durch. Jetzt gab es kein zurück mehr. „Ab ins Stadion. Sofort! Die Wäsche krallen!“

Bei der „Operation Shit“ war es ganz praktisch, dass mein Papa Wissenschaftler ist.

EIN VIRUS WIRD GEJAGT

Wir fünf schwangen uns auf die Räder und bretterten an der Dreisam entlang. Es ist echt wahr: Wir fuhren nicht, **WIR BRETTERTEN**! Aus meinen Augenwinkeln sah ich, dass die Leute uns kopfschüttelnd hinterher schauten. Endlich tauchten die Sportanlagen vor uns auf.

„Verdammt!“, rief ich. Frantz schlenderte gemütlich raus. Waldschmidt stieg ins Cabrio und gab Gas. Selbst Niederlechner, der meistens länger brauchte, bis er seine **FRISE COOL** hatte, schulterte beim Hinausgehen die Sporttasche.

„Da gibt man alles, und die absolvieren heut ein Kurztraining“, schimpfte ich. „Total beschissen!“, brummten Nico und Dave gleichzeitig.

Er hat die Haare schön!

Aber Mehmet gab so schnell nicht auf, und spurtete los. „Kommt! Ab in den Zeugwart-Raum. Vielleicht werkelt mein Dad mit der Wäsche rum."
Wir rannten zur Tür. Hier stand Mehmets Vater motzend vor der Waschmaschine.

„Neues Gerät von Bosch", er drehte sich zu uns und zuckte hilflos mit den Schultern, „kann man mit Handy steuern von zu Hause. Willst du aber drücken Knopf, bist Du eine ARMER TROPF."

„Puh!", stieß Mathilda aus. „Sie haben noch nicht gewaschen, Herr Karakaya?"
„Nein!", antwortete der kleine Mann und reimte vor sich hin: „Denn EINFACH Sach ist manchmal SCHWER. Die Bosch mag Yussuf wohl nicht sehr."
Im hinteren Eck lagen die gefüllten Wäschetaschen.
„Warten Sie, ich kenn mich mit dem Kram aus", sagte ich und fummelte zusammen mit Yussuf am Display rum. Aus den Augenwinkeln beobachtete ich, wie Nico und Dave Kleidungsstücke einsteckten. Nach etlichen Klicks rumpelte die Waschmaschine an.

„Los, weiter!“, mahnte Nico. Wir schauten uns an und saßen kurz darauf wieder auf unseren Bikes. Mir war klar, dass wir direkt Nägel mit Köpfen machen mussten. „Lasst uns direkt ins Institut zu Dad brettern. Da hilft kein Handyanruf und nix. **WIR ÜBERFALLEN IHN.**“

„Max hat recht, wir dürfen keine Zeit verlieren!“ Wow, ... und das kam ausgerechnet von meiner Schwester!

Als wir nach einer halben Stunde hechelnd, und völlig fertig im Stübeweg ankamen, joggte ich direkt die Stufen hoch, den Gang rein und platzte ins Labor. Mein Dad war allein im Raum. Obwohl wir wie ein Überfallkommando eingedrungen waren, war Dad **VOLLKOMMEN RELAXED**. So kannte ich ihn. Immer lässig, humorvoll und den schönen Dingen des Lebens zugetan, wie er stets sagt, bevor er abends sein Weißbier eingießt.

Ihm genügte eine megakurze Hallo-Runde und dann fragte er: „**SPORTSFREUNDE**, warum seid ihr hier? Ihr werdet Euch doch nicht für Wissenschaft interessieren?“
Es reichte, als ich behauptete, dass ich eine furchtbar wichtige Sache hätte. Ich fragte ihn, ob er für uns herausfinden könne, warum jemand Durchfall bekommen hatte. Mehmet, Dave, Mathilda und Nico schauten meinen Dad bittend an.

„Na Jungs und Mädels, ihr macht's aber geheimnisvoll. Haben dich die Gäste von der Ostalb mit einem **DETEKTIV-VIRUS** angesteckt?“, lachte er zu mir rüber.

„Papa, du weißt“, sagte ich, „wo wir sind, da ist immer das Auge des Hurrikans.“

Ich zog mein Augenlid in **CHECKER-MANIER** nach oben. Freudig klopfte sich mein Pa auf die Schenkel. „Sapperlot!“ rief er aus. Er hatte Lust mitzumischen.

Auf jeden Fall geht ein Detektiv-Virus in Freiburg rum. Vielleicht auch mehr ....

AN DER DREISAM IST MAN NICHT EINSAM

Gerd überlegte: „Wenn der Durchfall schnell kommen soll, scheiden normale Viren aus. Möchte jemand eine hypermotile Diarrhö erzeugen, bleiben einzig synthetische Stoffe. Ich setze eine Laborreihe an, damit ich parallel teste. Bis die Ergebnisse klar sind, verstreichen gut 45 Stunden.“ Wir schauten doof, ICH RECHNETE. „Dann ist Sonntag, 13 Uhr. Spät, aber reicht. SCHIESS LOS, Gerd“, ermunterte ich meinen Papa.

Ausgepowert, hungrig und verschwitzt, spazierten wir die Treppen des Instituts herab. Hier in Freiburg war der Frühling wieder ausgefallen und die Abendsommerhitze stand in der Stadt.

„Was 'ne Affenhitze“, stöhnte Dave.

„Da ist's zu Hause auf der Ostalb 'nen Kittel kälter.“ Mathilda lachte und beäugte Dave. Ganz schön AUSGIEBIG.

„Lass uns beim Pfeifle was holen und an die Dreisam flaggen.“, schlug ich vor. **GEMÄCHLICH** radelten wir am Colombihotel vorbei.

Die neue Uni-Bibliothek tauchte vor uns auf. „**BRUTAL!**“ Mehmet zeigte auf das Gebäude. In blutroter Schrift war auf die Glasfassade geschmiert: Erfrischend schlecht.

„Durchgeknallt. Da kämpft ein ganzer Trupp gegen Buntwald-Milch und den SC.“
„Das ist echt extrem“, sagte Mathilda. „Buntwaldmilch wird in der ganzen Stadt gedissed. Die tun mir leid!“
Als wir mit unseren Einkäufen an der Dreisam lagen, erfrischte ich mich mit einem Getränk. Mathilda watete durch den seichten Fluss und Dave starrte sie **INTERESSIERT** an. „Heiß hier, was Kollege“, neckte ich ihn.
„Quatsch kein Scheiß, Max“, lachte Dave und schaute schnell woanders hin.

Seht Ihr das? Oben links wurde was draufgeschmiert

Im Gras liegend, genossen wir den Abend. Mathilda ließ sich von Wind und Sonne trocknen. Dave rückte enger an sie heran. Ich schaute sehr konzentriert in den Abendhimmel.

Im Westen zeigte sich eine krasse Mischung aus Sonnenuntergangsrot und SCHWEREN WOLKEN.

Freiburg schien in einem sommerlichen Kriechgang zu sein. Als ob das Wetter eine Zeitlupe verursachte. Grillfeuer-Duft stieg auf.

„Ich muss heim“, sagte Mehmet, „wir grillen heut. Also dann, ... bis Sonntag am Dreisameingang! Hoffentlich erwischen wir den Durchfall-Täter. Das wird brutal SPANNEND.“ Er radelte winkend davon.

Trotz der Wärme und der relaxten Zeit am Fluss baute sich eine KOMISCHE SPANNUNG in mir auf.

Meiner Schwester ging es wohl genauso.
„Das mit den Schmierereien ist übel", sagte sie, „Graffitis, überall. Extrem. Sogar für Freiburg."

„Es **KÖCHELT** in der Stadt", fasste Dave seine Stimmung in Worte.

Nico schaute in den Himmel und sagte: „Da hinten ballen sich Wolken zusammen. Kann sein, dass es heute noch scheppert." Wir radelten Richtung Herdern. **NOCH 42 STUNDEN** bis zum Spiel.

In Freiburg köchelte was ...

DER TAG VOR DEM DERBY

„Was für ne irre Mucke?“, dachte ich verwirrt. Das war weder ein Wecker, noch eine keifende Mutter, das war **KLASSISCHE MUSIK** ... und zwar in den lautesten Tönen!

Ich **TORKELTE** nach unten, wo Ma Frühstück machte. Meine Freunde saßen schon verpennt am Tisch und konnten es wohl ebenso wenig fassen, wie ich.

„Kinder, heute genießen wir zusammen Kultur!“, verkündete meine Ma. „Gerd musste ins Labor, wir unternehmen was Tolles!“
Dank Dave konnten wir die Kinderkirchenführung im Münster abwenden und kurz darauf chauffierte uns meine Mutter zum Europapark. Ein **ECHTER KUMPEL**. Ich staunte, wie der das immer hinbekam.
Nach einem kompletten Tag **FUN PUR** kehrten wir Ausflügler müde und hungrig zurück.

Andrea setzte Spaghetti auf, das geht immer. Ein gemütlicher Abend wartete auf uns. Dave schlug vor, dass wir den letzten Mission Impossible Film anschauen sollten. Er fühlte sich nach der Achterbahnfahrt in Rust noch ganz als STUNTMAN. Außerdem kannte er den Streifen nicht und wollte die überraschenden Masken-Szenen sehen.

Als er Andrea so gut wie breit geklopft hatte, drehte der Schlüssel im Schloss. Gerd hatte Feierabend. „Wisst Ihr's schon? Es gibt ein BEKENNERSCHREIBEN zum Wolf!"

„Bald kommen die Regional-Nachrichten", sagte meine Ma und schaltete DEN FERNSEHER an:

„Regio TV. Guten Abend, Freiburg. Unserer Redaktion liegt ein Bekennerschreiben zur Wolfskreuzigung vor.

Darin lautet es: „Wir töten, was uns tötet." Unterzeichnet ist der Brief mit „Eure lieben Bauern". Genauere Hinweise, wer hinter den „lieben Bauern" steckt, konnte uns die Polizei auf Nachfrage NICHT mitteilen."

„Pah!“, spie Mathilda förmlich aus. „Das sind keine Bauern, das sind KILLER!“ Dave beschwichtigte. „Beruhig dich. Sobald wir unseren Fall gelöst haben, decken wir auf, wer hinter dem Mord am Wolf steckt.“

„EUER FALL?“, fragte meine Ma entgeistert.

ZEIT ZUM ANGRIFF

„Nicht wichtig“, sagte ich fix, „bloß Jungenkram!“ Mein Vater schaute in die Runde und sagte: „Alles, was kleiner ist als ein Meter siebzig, geht ab ins Heia!“ Er wollte wohl ein paar ruhige Minuten mit Ma. Wir verstanden. Zogen ab. Für den **FINALEN SONNTAG** konnten wir ’ne Mütze Schlaf definitiv gebrauchen.

Ne Mütze braucht man echt selten. Aber ne Mütze Schlaf schon hin und wieder.

Dass ich sonntags nicht ausschlafen konnte, muss ich euch sicher nicht extra erzählen. „Bei Markheymers geht man zur Kirche“, sagt Ma immer. Das galt auch heute. Also saß unsere komplette Mannschaft im Münster.

„**PLING**“, machte es in meiner Hosentasche. Ups, ich hatte vergessen, mein Handy auf lautlos zu stellen. Das war‘s wert. Daddy hatte mir eine WhatsApp geschickt.

„Tests fertig. **INTERESSANTES ERGEBNIS**“. Nach endlos langen zwanzig Minuten war der Gottesdienst um und ich telefonierte mit Dad.

„Dad hat rausgefunden, dass eine chemische Substanz den Durchfall ausgelöst hat. Das Zeugs erledigt seine Arbeit STARK UND FLOTT. Nach wenigen Minuten kommt es zu Magenkrämpfen und Durchfall“, erklärte ich meinen Freunden und fuhr fort, „das passt haargenau zur Theorie. Die Spieler wurden nach der Pause lasch. In der Pause schlägt der Kerl zu!“

„Es wird ZEIT ZUM ANGRIFF. Lasst uns schnell ins Stadion radeln“, schlug Nico vor.

Wir Detektive schwangen uns auf unsere Räder und gaben Stoff. Sobald wir den Münsterplatz hinter uns hatten, war im sonntäglichen Freiburg nicht viel los.

Wir SCHOSSEN nur so um die Altstadtecken und bretterten durchs Schwabentor Richtung Ziel.

Mehmet erwartete uns, als wir wenig später am Dreisameingang ankamen.

Schnell vorbeigebrettert am Schwabentor und weiter Richtung Stadion.

Flugs das Helferdress angezogen und ab an die Arbeit: die Kabine herrichten, den Tisch in der Kabinenmitte abwischen, die vielen Salben und Mittelchen (für die Pause) draufstellen und danach unter jeden Spielerschrank Kickschuhe, Badelatschen, Shampoo und Handtuch hinlegen. Fertig.

„Arbeit **NEUE ERFAHRUNG** für euch?“, lachte Yussuf uns an. „Ihr habt gemacht eure Sache gut. Jetzt geht schnell hoch zum Superkick!“
„Perfekt! Zu den Helferplätzen!“, meinte Mehmet. „Das Spiel wird gleich angepfiffen! Genießen wir zumindest eine knappe Halbzeit vom **DERBY**. Fünf Minuten vor der Halbzeitpause müssen wir an der Spielerkabine sein!“

„**TIEF IM SÜDEN IST UNSER PLATZ**“, sang ich und wirbelte gut gelaunt mit meinem Fanschal herum.

DOPPELTES SPIEL

Der Schiri pfiff, und das **ALLES** entscheidende Spiel begann.
Der SC ging gleich drauf. **PRESSING** von der ersten Minute an. So muss Derby sein, dachte ich. Da, ... Petersen erkämpfte sich den Ball und zog direkt aufs Tor zu: nur noch gute fünfundzwanzig Meter bis zum Ziel. Aaah, ... ein Stuttgarter holte ihn von den Socken. Wütende Pfiffe hallten durchs Rund.

„Hier geht's zur Sache", freute sich Mehmet. „Es gilt!" Das Spiel packte mich. Die Aktion brachte einen Freistoß, klar. Haberer lief an.
„Sch...ade" brüllte ich. „Knapp am Pfosten vorbeigezirkelt. Aber ein **STARKER SCHUSS**."

„Freiburg" riefen wir von der Nordtribüne mit ganzer Seele und die gegenüberliegenden Seite antwortete lautstark: „**FREIBURG**". Hier im Schwarzwaldstadion gibt's nur Fans, keine Zuschauer.

Der VfB-Keeper spielte den Abstoß weit nach vorn. Freiburgs Günter ging dazwischen. Er köpfte den Ball zu Haberer. Der nimmt ihn nicht an, sondern schickte das Leder DIREKT IN DEN LAUF von Petersen.

„Hammer-Pass“, schrie Nico. Es kam noch besser: Petersen tunnelte Gentner.

Unversehens stand er vor dem VfB-Torhüter. „MACH DAS DING!“, rief ich. Dann schob er locker die Kugel rechts an Zieler vorbei.

1:0 - das Schwarzwald-Stadion sprang auf! „Nur der SC - nur der SC“, brüllten alle.

„LÄUFT!“, rief ich, „aber die erste Halbzeit war ja auch nie das Problem.“

SOFORT brauchte das Spiel erneut unsere ungeteilte Aufmerksamkeit. Nach dem Treffer schüttelten sich die Stuttgarter kurz, und erspielten sich einen Eckball. Thommy traf die Ecke. Hoch und präzise. Gomez, der ausgekochte Hund, stand goldrichtig. Köpfte das Leder wuchtig nach unten links.

„Mann! So ein …“, fluchte Mehmet.
Da, unser Schwolow hechtete und mit der Fingerspitze wischte er den Ball von der Linie. Wir waren begeistert. **EIN MÄCHTIGES SPIEL**. Stuttgart suchte den Ausgleich, Freiburg presste. Wille gegen Wille!
Nun der Stuttgarter Insua, der Zieler bedienen will. Doof gelaufen, der Pass rutscht ihm vom Schlappen. **BLITZSCHNELL** witterte unser Niederlechner die Chance und setzte zum Sprint an. Unfassbar, er war als Erster dran, sicherte sich die Kugel. Umtänzelte einen Gegner, zog direkt aufs Tor zu. Keeper Zieler rannte raus, schnurstracks und Vollstoff. Und Niederlechner?

„Genial!“, schreit Dave. Weil Niederlchner blieb extrem cool. Täuschte an. Und als Zieler am Boden lag, umrundete er ihn elegant und drückt das Leder butterweich zum 2:0 ein.
TOOOOR!
FREIBURG FLIPPTE völlig aus.

Nico wedelte mit seinen Armen vor uns herum: „Männer! Zeit wird's!" Augenblicklich waren wir Jungs und Mathilda in der anderen Realität angekommen. Wir hatten ja ebenso ein Match zu bestreiten!
Unbemerkt verließen wir die Plätze und folgten Mehmet in die Katakomben.

Wir hörten unten die Freudengesänge der Freiburger nachhallen. Sonst nur uns und unsre Tritte ... das war ein BISSCHEN GESPENSTISCH. Wo ein paar Meter entfernt der Bär steppte.

Mathilda wollte etwas sagen, aber Nico unterbrach sie: „Kein Mensch weit und br..."

„Psst, flüstern", zischte Nico, „wir wollen den Täter überraschen!"

„WUMMS!" Eine Tür fiel krachend zu und wir zuckten vor Schreck zusammen. Mathilda gab einen komischen Quietschlaut von sich und mir wäre beinahe meine Brille von der Nase gefallen.

EIN ALTER BEKANNTER TAUCHT AUF

„Das war nur 'ne Tür. Zugluft“, beruhigte Mehmet. Ich sah Licht, das aus einem der vorderen Räume herauskam.

„**DA IST WAS!**“

„Klar ist da was“, flüstert Mehmet, „der Zeugwartraum. Da sitzt sicher mein Daddy und wartet, bis die Pause vorbei ist.“

Gut, dass wir Mehmet dabeihaben, dachte ich. Ortskenntnis zahlt sich aus. Mehmet blickte verschwörerisch in unsere Runde: „Lasst uns nach hinten zur Kabine huschen, ... über den Duscheingang.“

Mehmet schlich voraus, wir anderen auf leisen Sohlen hinterher. Am Duschtrakt vorbei und direkt vor die Tür. Mehmet drückte vorsichtig die Klinke runter. **GAAANZ LANGSAM**.

Ich hielt die Luft an. Durch den Spalt konnte ich in die Kabine spähen. Mir klappte die Kinnlade runter! **UNGLAUBLICH!**

Ich sah den Typen erst nur von hinten. Er hantierte mit einer Plastikflasche rum und leerte gerade einen Schwups in den Smoothie, der vor Niederlechners Spind stand. Jetzt kam der nächste Smoothie dran. Wie in Zeitlupe sah ich, dass der Typ sich umdrehte.

Schlagartig erkannte ich ihn. Es war niemand anders als **JOGI LÖW**! Er starrte mich an … und ich ihn. Plötzlich standen alle in der Kabine. Der Bundestrainer grinste breit, sagte aber nix.

Der Typ: Sah aus wie Jogi. Nur größer.

ZONG Ein Geistesblitz durchzuckte mich! Die Erkenntnis fühlte sich an, als ob sie mich an die Wand nageln wollte. Ich konnte mich nicht mehr bewegen, aber schreien konnte ich: „Hilfe, Jungs! Das ist gar nicht unser Bundestrainer! Der Typ ist viel größer als Jogi!“

Nico stürmte auf ihn zu. Die Miene des Kerls schlug sofort um: Sein Lächeln kühlte sich auf **GEFRIERTEMPERATUR** ab.

Ich schluckte, der Typ war nicht nur größer, er hatte auch mehr Muckies! Doch wir waren fünf!

Blitzschnell checkte er die Lage und schleuderte eine Bank um, die uns entgegenfiel. Dann setzte er zum Sprint an. KRAWUMM!, raus aus der Tür. Wir stürmten hinterher.
Der Mann war rasend schnell, schneller als wir. Er rannte vom Kabinentrakt weg, den dunklen Gang entlang, SCHNURSTRACKS Richtung Ausgang. Da hinten lag der Zeugwartraum. Wir sahen das Licht auf den halbdunklen Gang herausscheinen.

„Daddy!“, schrie Mehmet. „HALTE DEN TYP!“
Wie durch ein Wunder kam Yussuf aus dem Zimmer. Genau jetzt brauchten wir ihn genau hier. Wie bitte soll der kleine Mann diesen Kerl stoppen?, dachte ich. Der ist wie ein wilder STIER!

NEUE STRATEGIE: BACKEN ZUSAMMENKNEIFEN

Das erkannte Herr Karakaya wohl auch. Er packte seinen Putzeimer und schüttete ihn aus. Zehn Liter **SCHMIERIGES DRECKWASSER** mitten in den Gang. Mathilda kreischte, wir riefen alle durcheinander. Der gefakte Bundestrainer brettert voll Karacho hin und schlug mit dem Kopf gegen die Wand.
Leute, ... der war vielleicht k.o.!

Wenige Sekunden später standen wir um den Typen herum.
„Zeig dich, du **MISTKERL**!“, brüllte ich. Ich war eindeutig wütender, als dass ich Schiss hatte.
„Das ist nicht Jogi!“ Nico packte die schwarze Mähne und riss daran herum. Es machte laut „**RATSCH**“ und mein Freund hielt eine Maske in der Hand. Haare und Gesicht baumelten wie ein Skalp in seiner hochgestreckten rechten Faust.

„UNFASSBAR!“, rief Mehmet aus. „Das ist der Co-Fitnesstrainer vom SC!“
Yussuf packte seine Beine. Wir halfen mit, und gemeinsam bugsierten wir den Typen in den Zeugwartraum. Türe zu, Yussuf zückte den Schlüssel. Umgedreht, eingesperrt, fertig.

Entgeistert schaute Herr Karakaya in die Runde. „Was war das? Ist JOGI NIX JOGI?“ Er starrte uns fragend an.
„Daddy, für Erklärungen haben wir keine Zeit. Ich ruf die Polizei!“ Mehmet zückte sein Handy.
„Wir Seggel!“, platzte Dave schwäbelnd rein, „das Trinken ist vergiftet!“
„Vollstoff zurück zur Kabine!“, rief ich und hatte ein paar Sekunden später erneut die Türklinke in der Hand. Wir platzten rein, alle Spieler waren schon versammelt.
„Sch…, das war klar. Die Pause ist halb rum“, keuchte ich und rief: „Nicht trinken! Bloß nicht den Smoothie trinken!“

Das ist das Zeichen für „giftig“. Sieht brutal aus. Soll ja auch ‘ne Warnung sein …

Trainer Streich schaute uns verständnislos an. „Ruhig Jungs! Wisst ihr, wo ihr seid?“

Mathilda drängelte sich nach vorne und versuchte, die Lage zu klären: „Der Smoothie wurde **VERGIFTET!**“

Verdutzt wischte sich Sallai den Trinkschnurbart ab. Petersen starrte auf den Smoothie in seiner Hand: „Vergiftet? Echt?“

Endlich hatten wir die ungeteilte Aufmerksamkeit. Von Streich, von allen. Ich erklärte in Kurzfassung.

„**UNGLAUBLICH!**“, knurrte Streich.

„Unglaublich schon“, echote Niederlechner, „aber ich glaube den Jungs. Ich habe meinen Smoothie gleich getrunken, als ich in die Kabine kam. Jetzt spür ich ein Magengrimmen.“

„Himmel-Herrgott-Sakrament!“, fluchte Trainer Streich. „Das gibt`s doch nicht! Wir führen beim wichtigsten Spiel dieser Saison - und dann so was! Wenn ich den Täter in die Finger kriege! Aus dem mach ich **SCHWARZWALD-SCHINKEN!**“

Streich war so stinkig, dass er zum Metzger werden wollte.

Er drehte sich zu seiner Mannschaft und stemmte die Arme in die Hüften. „Alle hergehört! Wer hat seinen Smoothie getrunken?"
Na, ... **DIE** Bestandsaufnahme ging nicht dolle aus. Alle hatten ihn gekippt. Alle, bis auf Petersen.
„Männer!", rief Streich, „ich melde das nicht dem Schiri. Vielleicht könnte man das Spiel abbrechen lassen. Das ist mir aber **SO WAS VON WURSCHT!**
Wir kämpfen! Wir gehen da raus! Kopf hoch und Backen zusammenkneifen. Ergebnis halten, fighten. Und wenn der Dreck runterläuft, spielt weiter! Tut's für Euch! Tut's **FÜR FREIBURG**!!"
Die Mannschaft trabte raus, wir blieben zurück und schauten uns belämmert an.

„Hoffen wir, dass das nicht in die Hose geht", witzelte Dave. Mathilda lachte. Wir Jungs hatten dazu keine Zeit, eilten nach oben. Der gefangene Ex-Bundestrainer konnte warten, das Derby nicht.

Frisch ist immer gut:
Die Unterbuxe.

EIN BITTERES ENDE?

Stuttgart hatte Anstoß. Direkt schoben unsre Jungs nach vorne nach, sodass der VfB den Ball in den eigenen Reihen hin- und herschieben musste. Badstuber zu Maffeo, dann vor zu Castro und wieder retour.

„So Bombe ist der VfB aus der Kabine nicht rausgekommen“, sagte Nico erleichtert zu mir rüber. Doch Stuttgart spielte sicher. Zu unserem Glück war das Match momentan ein **KLASSISCHES MITTELFELD-GEKICKE**.

„Wir setzen zu wenig nach“, maulte ich.

„Schaut!“, rief Mehmet aufgeregt, „Abrashi hält sich den Magen!“ In der Tat, der SC-Mittelfeldspieler verlor merklich an Tempo.

„Hoffentlich geht jetzt der Kack nicht los!“, seufzte Nico. Dann kam der megalange Diagonalpass von Baumgartl. Fünfunddreißig Meter und **DIREKT** vor den Schlappen von González.

Es lag quasi in der Luft: Der Ka.....

Der trat kräftig an, ließ unseren Kübler wie einen Jugendspieler stehen, nahm den Ball fünf Schritte mit und zog ins lange Eck. **UNHALTBAR**. Der Gästeblock jubelte. Ein Raunen ging durchs Stadion. Alle merkten, dass da was faul war. Aus unseren Jungs schien die Luft rauszuströmen wie aus ´nem **KAPUTTEN LUFTBALLON**. Ein SC-Fan schrie von hinten: „Reißt Euch zusammen!"

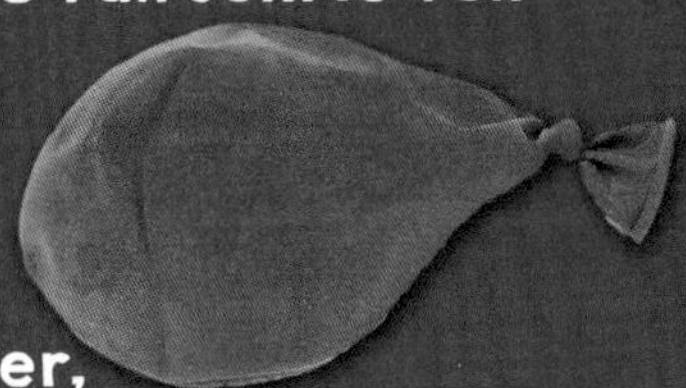

„Die Leute merken, dass der SC schwächelt", rief ich zu Nico rüber, „aber sie kapieren nicht, warum."
„Die müssen halt **VOLLSTOFF KÄMPFEN**. Egal ob`s denen dreckig geht oder nicht", antwortete Nico.

„Tun sie ja", entgegnete ich, „schau dir Petersen an." Der Typ war echt der Hammer. Er wollte auffangen, was den anderen an Kraft fehlte.
An eine Vorwärtsbewegung war nicht mehr zu denken. Ein Blick auf die Anzeigetafel: Wir waren in der **82. MINUTE**.

„Diese bescheuerte Uhr“, schimpfte Dave, „die ist doch kaputt!“
Jemand hatte die **ZEIT EINGEFROREN**. Und unsre Jungs gleich mit. Stuttgart drückte, alle schoben Richtung Freiburger Tor. Immer dieser verfluchte halbe Schritt, den wir zu spät kamen.

Dann passierte, was passieren musste. Aus dem Mittelfeld der lange Pass in die Tiefe des Raums. Der Ball zischte an unsren SC-lern vorbei. Als ob diese in einem anderen Film wären. Routiniert nahm Gomez das Leder auf. Mit ein bisschen Körper schüttelte er die letzte SC-Abwehrreihe ab. Das war kein Foul, sogar die Freiburg-Ultras verzichteten auf die üblichen Rufe. Man sah es kommen. Es war wie das Schicksal, das lange vorher besiegelt war. Gomez vor dem Tor. Halblinks rein. **2:2**

SCHEISSE, FERTIG, FEIERABEND

in der 86. Minute!

Vor Entsetzen drehten sich die Fans weg. Das war der Abstieg!

„Das war der ABSTIEG!“, sagte ich mit glasigen Augen. Dann kam der Kloß in meinen Hals und ich konnte nicht mehr weiterreden. Mathilda legte den Arm um meine Schulter. Eine gespenstische Ruhe breitete sich im Stadion aus. Keiner konnte es glauben. So ein Zusammenbruch nach solch einem grandiosen Start!
„Wart's ab“, meinte Nico pessimistisch, „die Partie verlieren wir noch.“ Damit traf er die Stimmung. Der SC war wie ein Handy, dessen AKKU LEER wurde. Ein paar Minuten gehen noch, dann fährt das Ding unerbittlich runter und ist tot.

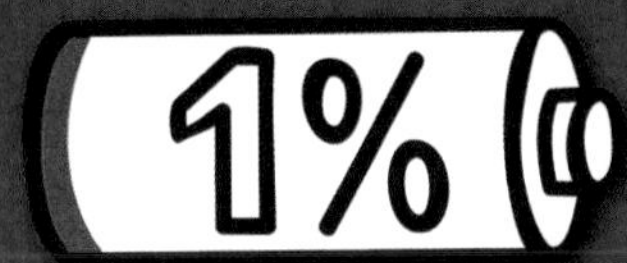

Eine Laune, wie auf einer Beerdigung waberte durchs Schwarzwald-Stadion.

Anstoß Freiburg. Haberer schiebt zu Petersen. „Boah!“, stöhnte Dave und verdrehte die Augen, „da sieht man, dass selbst der Pass Heberer Kraft kostet.“ Doch Petersen BLIEB STARK.

EINE JAHRHUNDERT-BALLFLUGBAHN

Er hatte die Kugel, lief von der Mittellinie los. Schaute. Irgendwann musste er den Ball spielen. Bis zum Tor kommt der nie und nimmer durch, dachte ich und wischte mir den Schweiß hinter der Brille weg. Die komplette VfB-Abwehr stand hinten. Petersen hatte den Ball am Bein, lief und schaute. Da folgte keiner. Die restliche SC-Truppe war schlichtweg platt. Urplötzlich gellte **EIN SCHREI** durchs Rund.

„Petersen brüllt!", schrie Nico und wedelte mit den Armen. **WIE EIN GORILLA** hatte unser Stürmer geschrien. So laut, dass ich aus meiner Trauer aufwachte. Verdattert stockte der erste Stuttgarter. Petersen zog vorbei. Da ließ er schon den zweiten Stuttgarter stehen.

Stuttgarts Insua näherte sich unserem Mann. Unser Petersen stoppte. Wie im Rausch brachte er den Hackentrick und ließ Insua stehen. Er sprintete weiter.

„Unfassbar!“, schrie Nico mir ins Ohr.

Mittlerweile stand das komplette Stadion. Petersens Schrei war wie ein Sturm durchs Rund gefegt. Tausende Kehlen schrien mit: „MACH ES! MACH ES!“ Petersen rannte, doch da konnte er nicht durch. Unmöglich. Vor dem 16-Zehner standen drei Stuttgarter.

„Will der drüber hüpfen?“ schrie ich.

Und Petersen stürmte weiter. Plötzlich haute er voll die Bremse rein und machte einen Ausfallschritt. Legte sich den Ball auf den linken Fuß. Die Stuttgarter Abwehrkette reagierte, damit riss Petersen eine Lücke. Auf die lief er zu, Panik breitete sich beim Gegner aus. Und dann ließ einer sein Bein stehen. Petersen rannte drüber. Das zog ihn derart von den Socken, dass er bis zum 5er weiterschlitterte. Sofort pfiff der Schiri. ELFER. Glasklar. KEINE DISKUSSION.

PANIK

„Wie er den rausholte!“, brüllte ich, „der Hammer! Den Elfer sollte Petersen jemand anders schießen lassen. Er ist zu **AUFGEWÜHLT**.“

Von wegen …

Petersen läuft an. Gechillt trat er gegen das Leder. Das Ding knallte oben an die Lattenkante. Man hörte es, das verdammte „**DONG**“ des Alus. Ein Stöhnen ging durchs Stadion.

Stuttgarts Keeper Zieler riss die Arme in Siegespose hoch. Er hatte gehört, wie das Leder gegen das Aluminium donnert und sich gar nicht zum Tor umgedreht. Doch der Ball war hochgesprungen, in **ULTRAHOHEM BOGEN** von der Latte. Segelte in der Luft, kam runter und - unglaublich - das Ding ploppte direkt auf den Hinterkopf von Zieler! Tropfte dann gemächlich auf den Boden. Zieler riss sich herum und der Ball kugelte gemütlich ins Netz!

Fast war es, als **GRINSTE** er dabei.

Wenn ihr genau schaut, seht Ihr den Ball grinsen. (-:

DAS TOTAL VERRÜCKTE SCHWABENTOR

Wir brüllten und jubelten. „Yeah, Sieg!“ Dann fielen wir uns in die Arme. Mathilda ganz nebenbei in die Arme von Dave.
„**ICH FASS DAS NICHT**!“, jubelte Nico ungläubig und gleichzeitig außer sich vor Freude.

Was nun kam, kann man sich nicht vorstellen. Alles passierte zeitgleich. Unsere SCler rannten auf Petersen zu. Der war unmittelbar nach dem Tor in die Knie gesunken. Dankbar und fertig. Seine Teamkollegen umarmten ihn, **KNUFFTEN UND HERZTEN** ihn. Schwolow und Gondorf nahmen den völlig ausgelaugten Stürmer und hoben ihn hoch. Weitere Freunde kamen hinzu. Das ganze Stadion begann zu singen: „Petersen! Petersen!“
Die **EHRENRUNDE** begann.

Der Schiri hatte das Spiel nicht mehr angepfiffen. Die Stuttgarter verkrümelten sich Richtung Kabine. Das juckte im Schwarzwaldstadion niemanden.

Die Mannschaft trug den Matchwinner durchs Rund, eine jubelnde LA-OLA-WELLE begleitete ihn und das gesamte SC-Team. „Drum grüß ich dich mein Badnerland“ erschallte es. Mit gerührter Stimme fiel der Stadionsprecher in die Hymne ein. Als das Lied verklang, verkündete er feierlich: „Herzlichen Dank an Stuttgart für dieses kuriose Schwabentor! Es bleibt auf ewig eines der schönsten Freiburger Tore! Als dauerhafte Erinnerung daran schlage ich vor, dass wir an unserem Schwabentor in der Altstadt ein Erinnerungstäfelchen anbringen.“ Das ganze Stadion lachte.

Das Badnerlied und unsere Flagge gehören einfach ins Stadion.

„Wunderbar SCHRÄG“, fand ich, „ein Schwabentor führt in Freiburg zum Sieg!“ Auf dem Rasen war der Triumphzug mit Petersen zum Stillstand gekommen.

Er winkte sich das Stadionkamerateam heran und war Sekunden später live auf der Großleinwand zu sehen. Als das Lied endete, setzte er an: „Hallo Freiburg!“

Sofort unterbrach ihn **TOSENDER** Applaus. „Es war ein besonderes Spiel. Eins für die Ewigkeit. Wir haben nicht nur den **KLASSENERHALT GEPACKT**. Wir haben Stuttgart geknackt.“

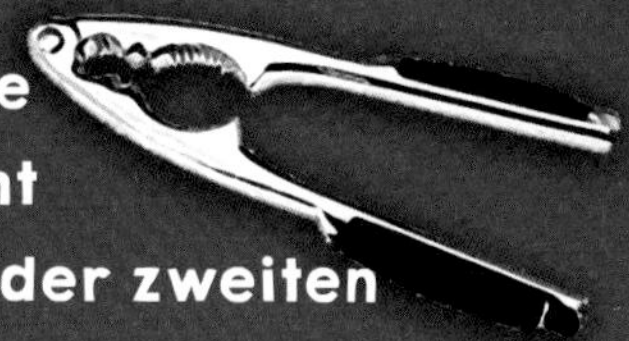

Frenetischer Beifall und Freudenpfiffe überall. Petersen fuhr fort: „Vielleicht hat’s der ein oder andre gemerkt. In der zweiten Halbzeit waren wir geschwächt. Ich sag heute nur mal so viel: Ohne die Hilfe von ein paar mutigen Kids hätten wir es nicht gepackt. **DANKE JUNGS**, wir sehen uns!“

Das Publikum klatschte. Etwas verhaltener. Richtig kapieren konnten sie die Rede ja nicht. „Was ich noch sagen wollte“, hob Petersen mit lauterer Stimme an, „wir Freiburger geben uns nie geschlagen. Nie!“ **ALLES JUBELTE**.

Die Stuttgarter waren echt ’ne harte Nuss. Aber wir hatten sie geknackt.

Die La-Ola-Welle startete erneut. Immer dort, wo die Leute aufstanden, schrien sie ein „Nie!“. Das „Nie!“ ROLLTE DURCHS RUND.

Stolz, trotzig, freudig. Erst langsam kam Freiburg wieder runter. Ich war noch ganz weg. Da klopfte es an meiner Schulter. Der Trainer Streich war‘s, hinter ihm Polizisten.

Jetzt war sie da, die Polizei.

MIT DÖNER ERKLÄRT SICH'S SCHÖNER

Was nun kam, ist rasch erzählt. Zuerst erklärten wir den Erwachsenen die Lage. Ich muss sagen, die kapierten **RUCKZUCK**.
Dann nichts wie hin zum Verbrecher. Die Katakomben runter, schon hörten wir den brüllenden Gefangenen. Yussuf saß **LÄCHELND UND RELAXED** als eine Art Gefängniswärter vor der Tür. Er schloss auf, die Polizisten rein, „**KLACK**" und der verdutzte Täter hatte Handschellen um.
Schlagartig stellte der Typ sein Geschrei ein und trottete kleinlaut mit der Polizei Richtung Ausgang.

„Jungs, wisst ihr was?", fragte Trainer Streich in die Runde, „diese Story muss aufgearbeitet werden. Unsere Spieler wissen bisher nur Bruchstücke davon."

„Gerne!“, stimmte Dave zu. „Sie könnten uns zur Inforunde zu Onkel Amar einladen.“ Er grinste keck den Streich an.

„Ist das ein Dönerladen?“, fragte der Trainer und ohne die Antwort abzuwarten, fuhr er fort, „ist gebongt.“ Der Treff war gefixt: 17 Uhr bei Onkel Amar, danach mussten meine zwei Schwabenkumpels gleich auf den Zug in Richtung Heimat. Irgendwann ist auch das **BESTE** Wochenende vorbei.

„Schießt los“, meinte Trainer Streich und mampfte seinen großen Döner mit viel „**SCHARF**“. Ich schaute in die Runde. Alle Spieler waren da, der Trainerstab, das Management. Ma und Pa natürlich auch. Stolzgeschwellt hatte Amar extra an seinen Döner-Laden ein Schild gehängt: „Geschlossene Gesellschaft - SC Freiburg“. Wir hatten Platz und Ruhe. „Alles begann damit, dass wir vor einigen Tagen sahen, wie jemand Jogi Löw bedrohte“, erzählte ich, „oder besser gesagt, es wurde ein Mann bedroht, der aussah wie Jogi. Weil er eine **SUPERPROFESSIONELLE LÖW-MASKE** aufhatte.“

„Schade, dass die Polizei die Maske sichergestellt hat“, meinte Mehmet. Die war UNGLAUBLICH REALISTISCH gemacht. Müsst ihr euch vorstellen wie bei Mission Impossible!“
„Wir hielten die Klappe und verdrängten das, weil uns eh kein Erwachsener glauben würde“, fuhr ich fort. Nach und nach kam heraus, dass der SC mit Durchfall zu kämpfen hatte“, ich schaute in die Runde und holte mir die Nicker der Mannschaft ab. Irgendwann schnackelte es bei mir, dass man meinem SC was ins Trinken geleert haben musste. Dank Mehmet wurde uns klar, dass das in der Halbzeitpause passieren musste.“

„Moment“, unterbrach Petersen, „das kapier ich nicht, woher wusste Mehmet das?“
„Mein Daddy ist euer Zeugwart“, erklärte Mehmet stolz. „Daher weiß ich, dass der SC in der Halbzeitpause die Smoothies trinkt. Wir vermuteten, dass der Täter die vergiftet hat.“
„Es war eine BLOSSE VERMUTUNG“, bekräftigte ich.

„Die hatte uns zwar mein Daddy, der Wissenschaftler ist, bestätigt, aber damit konnten wir weder das SC-Management noch die Polizei verständigen. Es blieb uns nichts andres übrig, als den Täter auf FRISCHER TAT zu schnappen.“ Alle lächelten zurück. Nur meine Ma schaute etwas streng.

Streich warf ein: „Ich hatte auch vermutet, dass was an der Ernährung faul ist. Darum hatte ich den Co-Fitnesstrainer ja beurlaubt. Der schien mir in letzter Zeit verängstigt und verwirrt. Deshalb wollte ich ihn sicherheitshalber aus dem Verkehr ziehen. Dass das Ganze in so einer verrückten „Jogi-Jagd“ endet, hätte ich mir in meinen schlimmsten Träumen nicht vorstellen können.“

Streich ergänzte: „Jogi genießt beim SC einen HEILIGENSTATUS.

Normalerweise sitzt der oben im Stadion. Aber wenn der in die Kabine will, fragt da keiner nach. Klar, unser Co-Fitti wusste das.

Bei uns in Freiburg gibt es viele Heilige ...

Nachdem ich ihn beurlaubt hatte, war das eine geniale Idee, dennoch in die Umkleide zu schleichen und die Smoothies zu vergiften. Einen Jogi Löw stoppt ja NIEMAND!"

„Was für ein Glück, dass ihr der Sache nachgegangen seid", sagte Streich.

Und SUPER-CLEVER, dass ihr unsere Spieler gleich vor den Smoothies gewarnt habt!", sagte Petersen.

„Eins würde mich aber noch brennend interessieren", sagte Petersen, „habt ihr eine Ahnung, warum das Ganze ablief? Wieso wollte uns der Co-Fitnesstrainer k.o. setzen?"

„Das wüsste ich auch schrecklich gern", antwortete ich. „Ich vermute, es hängt mit der Erpressung zusammen, die Mehmet und ich anfänglich gesehen haben. Da ist sicher die Polizei dran und wird bald was wissen."

EINE ÜBERRASCHUNG ZUM ABSCHIED

Nico schaute auf seine Uhr. „Bald fährt unser Zug." „Ja, du **LIEBSTE GÜTE**", rief meine Mutter, „den hätte ich vergessen! So spannend ist es hier!"

Nico, Dave, Mathilda, mein Daddy und ich sprangen auf und der vorauseilenden Ma Richtung Auto nach. Wir erreichten Pa's BMW. Der drückte ganz schön aufs Gas. Am Bahnhof legten wir einen

spektakulären Sprint hin, bis wir am richtigen Gleis standen. Die Familie Markheymer wollte ja schön „Winke-Winke" machen, wenn meine guten Freunde in den Zug stiegen. Mathilda nahm Dave für eine spezielle Verabschiedungszeremonie kurz auf die Seite. Ich schaute nicht so genau hin. Auf einmal ertönte **EINE MELODIE** hinter uns.

Klar, wir Markheymers machten noch „Winke-Winke".

Welcher Junggesellentrupp singt auf dem Bahnhof das Badnerlied?, dachte ich mir.
„Hey! Schaut!“, rief Nico aus. „**DAS SIND WITZBOLDE!**“

Ich drehte mich um und da stand die komplette Mannschaft vom SC, um meine Freunde zu verabschieden! Die waren überwältigt. Selbst Dave hatte es die Sprache verschlagen.
Trainer Streich trat vor. „Wir haben spontan eine Fitnesseinheit eingelegt, um euch gebührend zu verabschieden. Dass wir Schwaben nicht ohne Badnerlied wieder ins Schwabenländle ziehen lassen, ist Ehrensach!“ Er nestelte an seiner Jackentasche rum und zog einen Umschlag raus.
„Für euren grandiosen Einsatz. Als kleine Anerkennung erhaltet ihr die SC-Mitgliedschaft. Und zwar lebenslang!“
Dave stieß aus: „Aber scho **KOSTENLOS**?“ Unter dem freundlichen Gelächter aller SCler ergänzte Streich: „**ABSOLUT KOSTENLOS!**“

Wir waren baff. Für weitere Worte war eh keine Zeit. Der Zug fuhr ein, es folgte das übliche Gewinke, und dann sah ich meine Freunde in Richtung Heimat abtuckern. Ich legte meinen Arm um Mathilda, die mit **GLASIGEN AUGEN** der Bahn nachschaute.

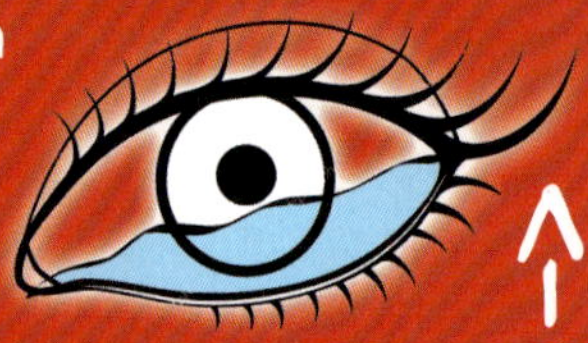

„Na, Schwesterherz, das war ein Wochenende! Sämtliche Gefühle in wenigen Stunden! Zum Glück mit Happy End!“

Bei „**HAPPY END**“ schaute sie mich etwas gemischt an und meinte: „Ich weiß nicht, ob das das Ende ist.“ Wie recht Mathilda damit hatte, sollte ich einige Tage später erfahren.

Meine Schwester bekam mal wieder feuchte Augen ....

EIN STICH INS WESPENNEST

Ich war ein eifriger Leser der Neuesten Badischen Nachrichten geworden. Blieben die doch an unserer Sache dran. Die wichtigsten Artikel hatte ich **FEIN SÄUBERLICH** ausgeschnitten, und als mich vier Tage später Mehmet überraschend besuchte, zeigte ich ihm **DIE NEWS**:

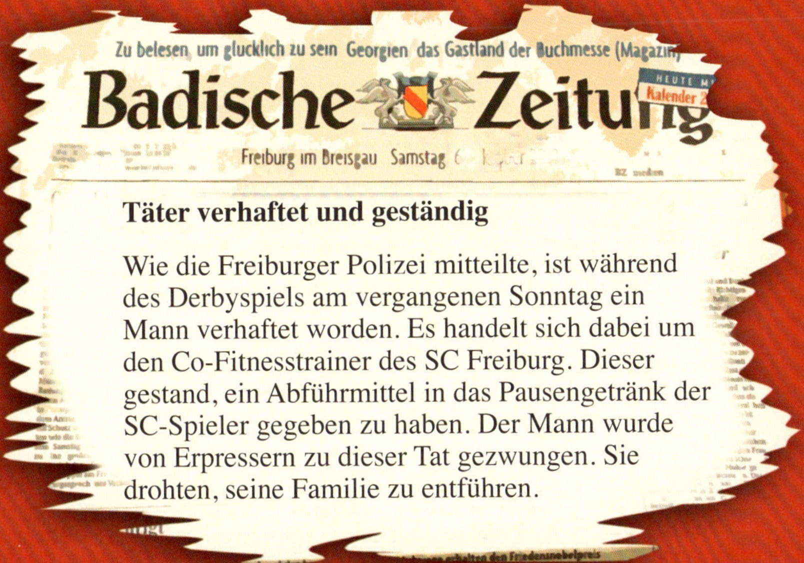
Zu belesen, um glücklich zu sein Georgien das Gastland der Buchmesse (Magazin)

Badische Zeitung

Freiburg im Breisgau Samstag

Täter verhaftet und geständig

Wie die Freiburger Polizei mitteilte, ist während des Derbyspiels am vergangenen Sonntag ein Mann verhaftet worden. Es handelt sich dabei um den Co-Fitnesstrainer des SC Freiburg. Dieser gestand, ein Abführmittel in das Pausengetränk der SC-Spieler gegeben zu haben. Der Mann wurde von Erpressern zu dieser Tat gezwungen. Sie drohten, seine Familie zu entführen.

Freiburg im Breisgau

Der Jogi-Fall: Die Spur führt nach Stuttgart

Wie unsere Zeitung aus Polizeikreisen erfuhr, führt die Spur im sogenannten „Jogi-Fall“ nach Stuttgart. Das dort ansässige Milch-Unternehmen i-Milk wollte die lokale Buntwald-Milch als Sponsor beim SC Freiburg ablösen. I-Milk plante, als schwäbisches Unternehmen einen badischen Fußballverein zu sponsern. Dadurch versprachen sie sich hohe Glaubwürdigkeit. Diese sollte dazu dienen, das Milchmischgetränk „WhiteBull“ in den Markt einzuführen. Experten warnen vor dem Getränk, da es ungesund sei. „Was die kritischen Freiburger annehmen, könne man in ganz Deutschland vertreiben“, hörten wir aus der Marketing-Zentrale von i-Milk hinter vorgehaltener Hand. Wie wir alle wissen, ist dieser Plan gründlich schiefgegangen.

Polizei fängt Schmierteufel

Wie die Polizei mitteilte, ist der Graffiti-Täter gefasst. Der Mann gab zu, an vielen Häusern in Freiburg das verunstaltete Logo von Bundwald-Milch aufgesprayt zu haben. Laut Polizeiaussagen erhielt der Täter dafür von i-Milk Geldzahlungen. Das Ganze war Teil des i-Milk-Plans, den angestammten Sponsor in Misskredit zu bringen.

Polizei ermittelt Wolftäter

Der Polizei ist ein weiterer Ermittlungserfolg gelungen. Nun ist klar, wer hinter der sogenannten „Wolfskreuzigung“ steckt: eine Gruppe badischer Bauern, die sich zur „Kommandogruppe wolfsfreies Baden“ zusammengeschlossen hatte. Diese Bauern waren in der Vergangen-heit durch freilaufende Wölfe geschädigt worden, die ihre Schafherden angegriffen hatten. Da die Bauern sich von der Politik im Stich gelassen fühlten, griffen sie zu dieser drastischen Maßnahme, und empfanden die blutige Aktion als „Selbstschutz“. Die Polizei betonte, dass der „Wolfs-Fall“ in keinerlei Zusammenhang mit dem sogenannten „Jogi-Fall“ steht, der zeitgleich Freiburg in Atem hielt.

„**HUI**“, staunte Mehmet, „da haben wir mit unseren Ermittlungen in ein Wespennest gestochen. Hammer! Dabei sind wir doch eigentlich nur ein bisschen zu schnell vom Radweg hochgeschossen und fast in den Benz rein. Damit ging alles los.“ Mehmet fuhr sich durch seine strubbeligen Haare.

Ich lachte. „Komm, Fußballtraining beginnt in ′ner halben Stunde. Wir düsen mit dem Rad, und wenn uns heute der Jogi in die Quere kommt, dann **ERSCHRECK ICH NICHT**. Den quatschen wir dieses Mal an. Vielleicht **LÄDT ER UNS GAR AUF EIN EIS EIN**.“

Lädt uns Jogi zu einem Eis ein, wenn wir ihn mal wieder sehen? Wenn er ein Ehrenmann ist, dann schon!

THE END

Hat Dir das Buch gefallen? Es gibt einen weiteren Band mit den Krimi-Kids! Nämlich „Das total verrückte Rätsel“. Infos über das Buch findest Du unter www.krimi-kids.de